Impressum
Verlag: BABADADA GmbH, Nedderfeld 112 , 22529 Hamburg
Geschäftsführer / Verlagsleitung: Harald Hof
Druck: Books on Demand GmbH, In de Tarpen 42, 22848 Norderstedt

Imprint
Publisher: BABADADA GmbH, Nedderfeld 112 , 22529 Hamburg, Germany
Managing Director / Publishing direction: Harald Hof
Print: Books on Demand GmbH, In de Tarpen 42, 22848 Norderstedt, Germany

школа
Schuel

классная комната
Klassezimmer

делить
dividiere

186/2

доска
Taflä

школьный двор
Pauseplatz

учитель
Lehrer

бумага
Papier

писать
schribe

ручка
Stift

письменный стол
Schribtisch

линейка
Lineal

книга
Buech

ученик
Schüeler

ранец

Thek

пенал

Etui

карандаш

Bleistift

точилка

Spitzer

ластик

Radiergummi

альбом для рисования

Zeicheblock

рисунок

Zeichnig

кисточка

Pinsel

коробка красок

Malchaschte

ножницы

Schär

клей

Liim

тетрадь

Üebigsheft

домашняя работа

Huusufgabe

цифра

Zahl

прибавлять

addiere

вычитать

subtrahiere

умножать

multipliziere

считать

rächne

буква

Buechstabe

алфавит

Alphabet

слово

Wort

текст

Text

читать

läse

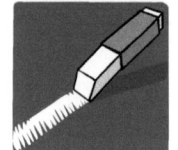

мел

Kriide

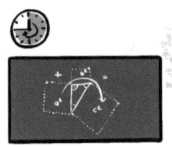

урок

Lektion

классный журнал

Klassäbuech

экзамен

Prüefig

диплом

Zügnis

школьная форма

Schueluniform

образование

Usbildig

энциклопедия

Enzyklopädie

университет

Universität

микроскоп

Mikroskop

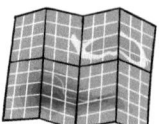

карта

Charte

корзина для бумаг

Papierchorb

гостиница
Hotel

Grand

турбаза
Härbärg

ROOMS

пункт обмена валюты
Wächselstube

ECHANGE

чемодан
Koffer

автомобиль
Auto

язык

Sprach

да / нет

jo / nei

хорошо

okay

Привет

Hallo

переводчик

Dolmetscher

Спасибо

Dankä

Сколько стоит...?

Was chostet...?

Я не понимаю

Ich vrstahs nöd

проблема

Problem

Добрый вечер!

Guete Abig!

Доброе утро!

guete Morgä!

Доброй ночи!

guete Abig!

До свидания

Uf Wiederseh

направление

Richtig

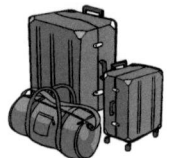

багаж

Bagaasch

сумка

Täsche

рюкзак

Rucksack

гость

Gast

комната

Ruum

спальный мешок

Schlafsack

палатка

Zält

туристическая информация
Touristeninformation

пляж
Strand

кредитная карточка
Kreditkarte

завтрак
Zmorge

обед
Zmittag

ужин
Znacht

билет
Billet

лифт
Ufzug

почтовая марка
Briefmarke

граница
Gränze

таможня
Zoll

посольство
Botschaft

виза
Visum

паспорт
Pass

транспорт

Transport

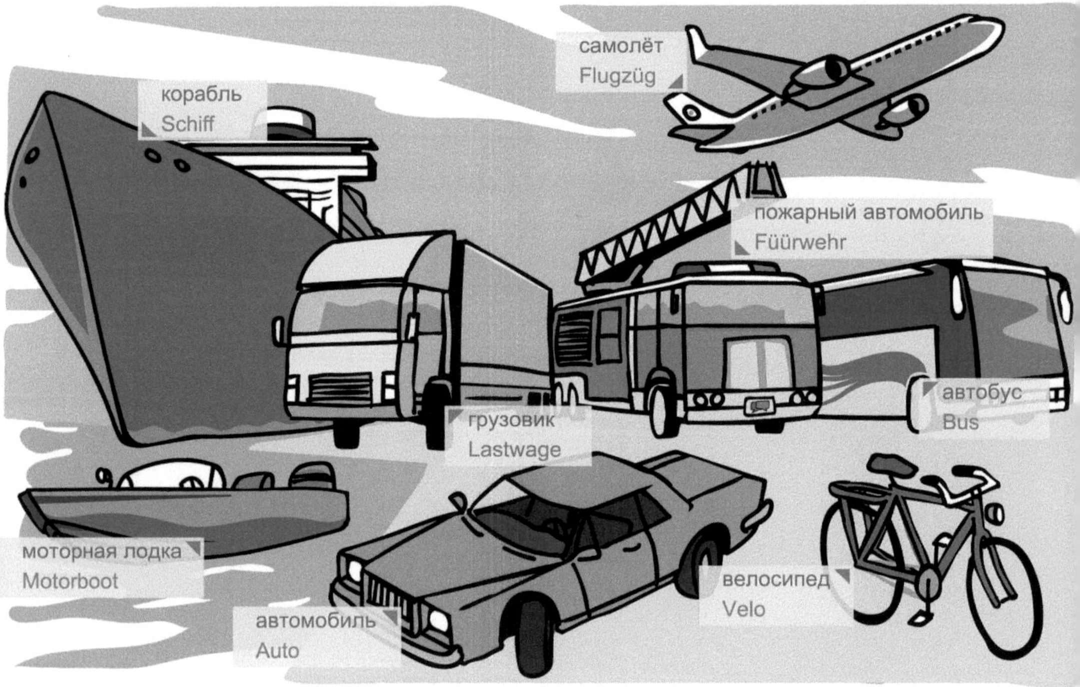

самолёт
Flugzüg
корабль
Schiff
пожарный автомобиль
Füürwehr
автобус
Bus
грузовик
Lastwage
моторная лодка
Motorboot
велосипед
Velo
автомобиль
Auto

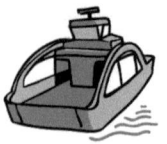

паром

Fähri

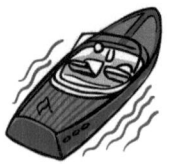

лодка

Boot

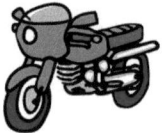

мотоцикл

Töff

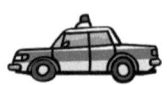

полицейский автомобиль

Polizeiauto

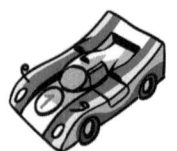

гоночный автомобиль

Rännauto

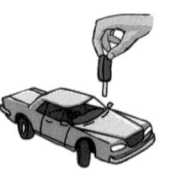

арендованный автомобиль

Mietwage

совместное пользование
автомобилями

Carsharing

буксировочный
автомобиль
Abschleppwage

мусоровоз

Chübelwage

двигатель

Motor

топливо

Benzin

заправка

Tankstell

дорожный знак

Verkehrsschild

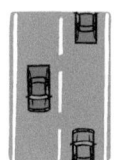

движение

Verchehr

пробка

Stau

автостоянка

Parkplatz

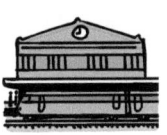

вокзал

Bahnhof

рельсы

Schiene

поезд

Zug

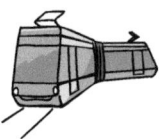

трамвай

Strassebahn

вагон

Wagon

вертолёт

Helikopter

аэропорт

Flughafe

вышка

Tower

пассажир

Passagier

контейнер

Container

коробка

Karton

тележка

Chare

корзина

Korb

взлетать / приземляться

starte / lande

город

Stadt

деревня

Dorf

центр города

Stadtzentrum

дом

Huus

парк
Park

скамейка
Bank

мост
Brugg

лестница
Stäge

метро
U-Bahn

тоннель
Tunnell

автобусная остановка
Bushaltestell

бар
Bar

ресторан
Restaurant

почтовый ящик
Briefchastä

табличка с названием
улицы
Strasseschild

паркометр
Parkuhr

зоопарк
Zolli

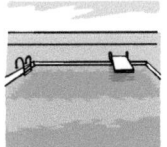

бассейн
Badi

мечеть
Moschee

ферма

Buurehof

загрязнение окружающей среды

Umwältvrschmutzig

кладбище

Fridhof

церковь

Chile

детская площадка

Spielplatz

храм

Tämpel

ландшафт
Landschaft

лист
Blatt

дорожный указатель
Wägwiiser

дорога
Wäg

луг
Wise

камень
Stei

дерево
Baum

путешественник
Wanderer

река
Fluss

трава
Gras

цветок
Bluamä

долина

Tal

гора

Bärg

озеро

See

лес

Wald

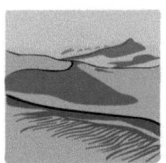

пустыня

Wüeschti

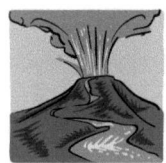

вулкан

Vulkan

замок

Schloss

радуга

Rägeboge

гриб

Pilz

пальма

Palme

комар

Moskito

муха

Fliege

муравей

Ameise

пчела

Biendli

паук

Spinne

жук

Chäfer

лягушка

Frosch

белка

Eichhörnli

еж

Igel

заяц

Haas

сова

Üle

птица

Vogu

лебедь

Schwan

кабан

Wildschwein

олень

Hirsch

лось

Elch

плотина

Damm

ветряной генератор

Windturbine

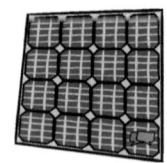

солнечная батарея

Sunnekollektor

климат

Klima

ресторан
Restaurant

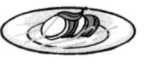

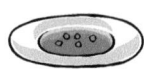

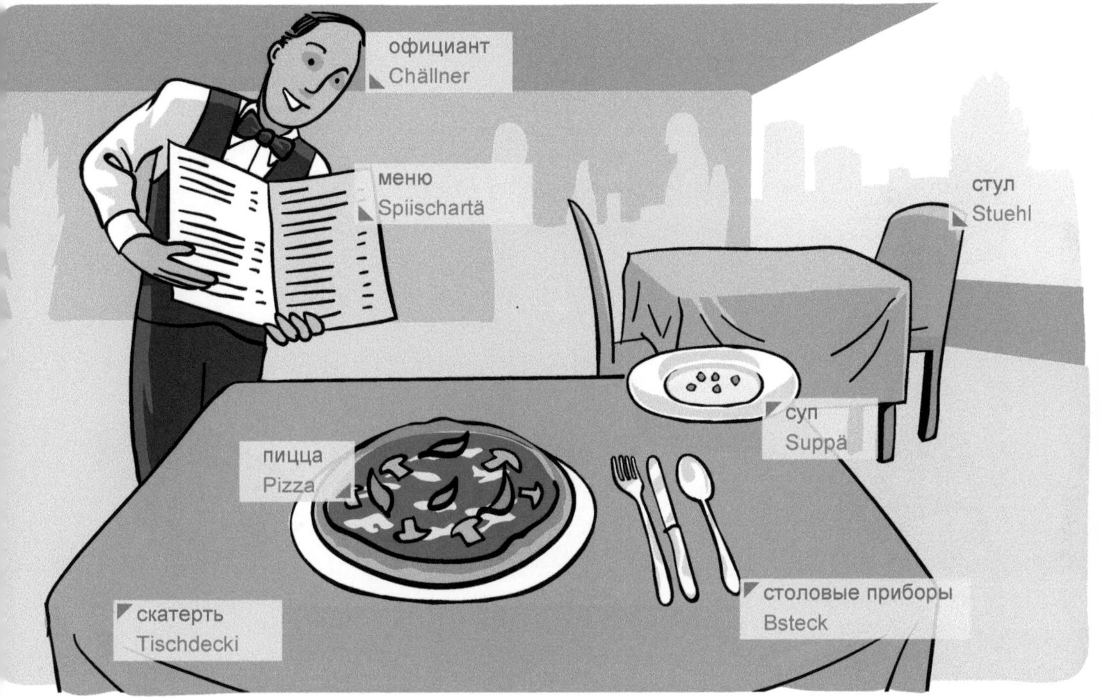
официант
Chällner
меню
Spiischartä
стул
Stuehl
суп
Suppä
пицца
Pizza
столовые приборы
Bsteck
скатерть
Tischdecki

закуска

Vorspiies

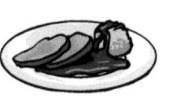

главное блюдо

Hauptgricht

десерт

Dessert

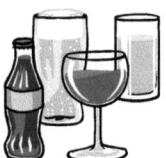

напитки

Getränk

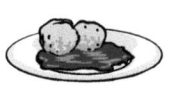

еда

Läbensmittel

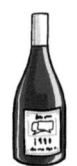

бутылка

Fläsche

фастфуд

Fast Food

уличная еда

Street Food

чайник

Teechanne

сахарница

Zuckerdosä

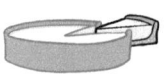

порция

Portion

кофеварка

Espressomaschine

детский стульчик

Hochstuehl

счет

Rächnig

поднос

Tablett

нож

Mässer

вилка

Gable

ложка

Löffel

чайная ложка

Teelöffel

салфетка

Serviette

стакан

Glas

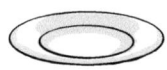

тарелка

Täller

суповая тарелка

Suppetällär

блюдце

Untertasse

соус

Sose

солонка

Salzstreuer

мельница для перца

Pfäffermühli

уксус

Essig

масло

Öl

специи

Gwürz

кетчуп

Ketchup

горчица

Sänf

майонез

Mayonnaise

супермаркет
Läbensmittellade

специальное предложение
Ahgebot
FOR
покупатель
Chund
молочные продукты
Milchprodukt
фрукты
Frücht
тележка для покупок
Iichaufswage

BUTCHERS

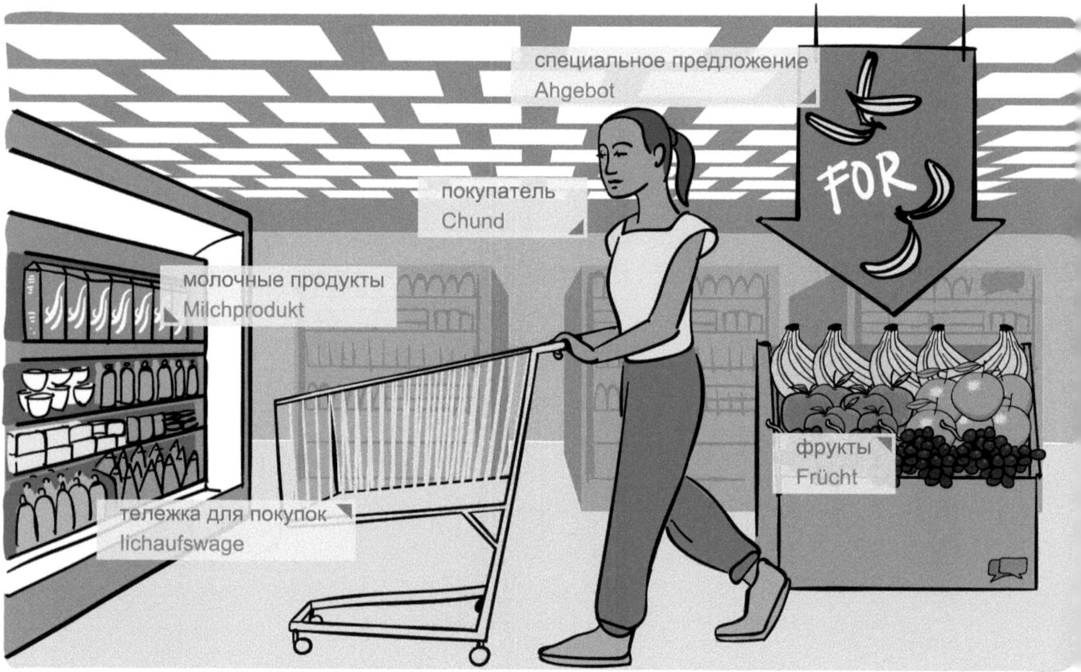

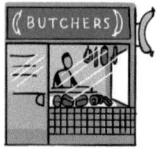

мясной магазин

Schlachter

BAKERY

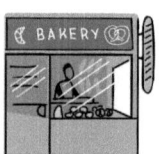

пекарня

Beck

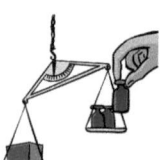

взвешивать

wiege

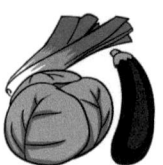

овощи

Gmües

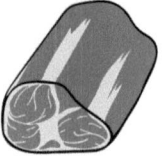

мясо

Fleisch

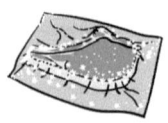

быстрозамороженные продукты

Tiefkühlprodukt

нарезка

Ufschnitt

консервы

die Konsärve

стиральный порошок

Wöschmittel

сладости

Süessigkeite

предмет домашнего обихода

Huushaltartikel

моющее средство

Putzmittel

продавщица

Verchäuferin

касса

Kassä

кассир

Kassierer

список покупок

Ihchaufsliste

время работы

Öffnigszite

бумажник

das Portemonnaie

кредитная карточка

Kreditkarte

сумка

Täsche

полиэтиленовый пакет

Plastiksack

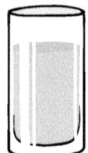

вода

Wasser

сок

Saft

молоко

Milch

кока-кола

Cola

вино

Wii

пиво

Bier

алкоголь

Alkohol

какао

Ovi

чай

Tee

кофе

Kafi

эспрессо

Espresso

капучино

Cappuccino

банан

Banane

яблоко

Öpfel

апельсин

Orange

арбуз

Melone

лимон

Zitrone

морковь

Rüebli

чеснок

Chnoobli

бамбук

Bambus

лук

Zwiblä

гриб

Pilz

орехи

Nüss

лапша

Nudle

спагетти

Spaghetti

рис

Riis

салат

Salat

картофель фри

Pommfrit

жареный картофель

Bratherdöpfel

пицца

Pizza

гамбургер

Hamburgär

сэндвич

Sandwich

шницель

Gotlett

ветчина

Schinkä

салями

Salami

колбаса

Würschtli

курица

Huehn

жаркое

Bratä

рыба

Fisch

овсяные хлопья

Haferflocke

мюсли

Müesli

кукурузные хлопья

Cornflakes

мука

Mähl

круассан

Gipfeli

булочка

Brötli

хлеб

Brot

тост

Toscht

печенье

Guetzli

масло

Butter

творог

Quark

пирог

Chueche

яйцо

Ei

яичница

Spiegelei

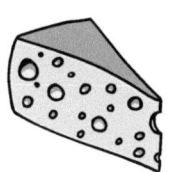

сыр

Chäs

мороженое

Glace

сахар

Zucker

мёд

Honig

мармелад

Gonfi

крем с нугой

Nougat-Creme

карри

Curry

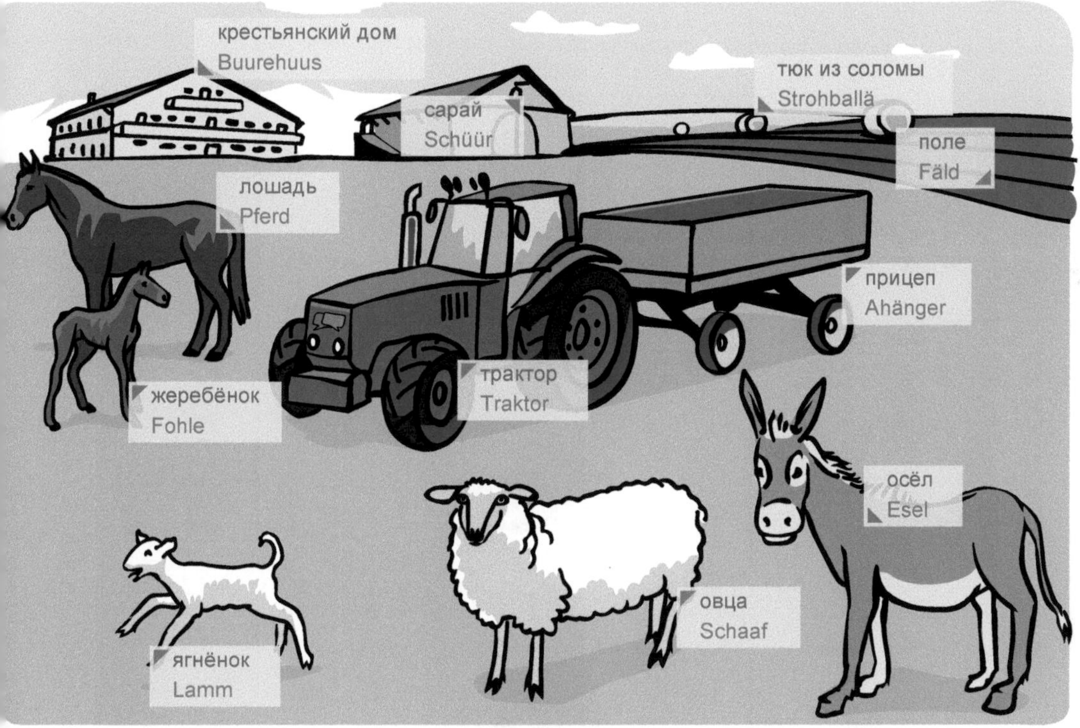

крестьянский дом
Buurehuus

сарай
Schüür

тюк из соломы
Strohballä

поле
Fäld

лошадь
Pferd

прицеп
Ahänger

жеребёнок
Fohle

трактор
Traktor

осёл
Esel

овца
Schaaf

ягнёнок
Lamm

коза
Geiss

корова
Chueh

телёнок
Chalb

свинья
Sau

поросёнок
Ferkel

бык
Rind

гусь

Gans

утка

Änte

цыплёнок

Küke

курица

Huähn

петух

Güggel

крыса

Ratte

кошка

Chatz

мышь

Muus

вол

Ochse

собака

Hund

конура

Hundehütte

садовый шланг

Garteschluuch

лейка

Giesschanne

коса

Sägese

плуг

Pflueg

серп

Sichel

мотыга

Hacke

навозные вилы

Heugable

топор

Axt

тачка

Garette

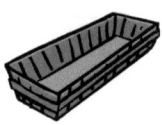

корыто

Trog

бидон для молока

Milchchanne

мешок

Sack

забор

Haag

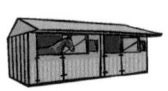

хлев

Gadä

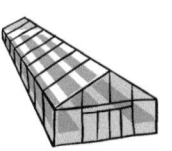

теплица

Gwächshuus

почва

Bode

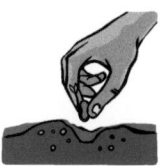

посев

Soome

удобрение

Dünger

комбайн

Mähdrescher

собирать урожай

ärnte

урожай

Ärnte

ямс

Yamswurzle

пшеница

Weize

соя

Soja

картофель

Härdöpfel

кукуруза

Mais

рапс

Raps

фруктовое дерево

Obstbaum

маниок

Maniok

злаки

Getreide

дом
Huus

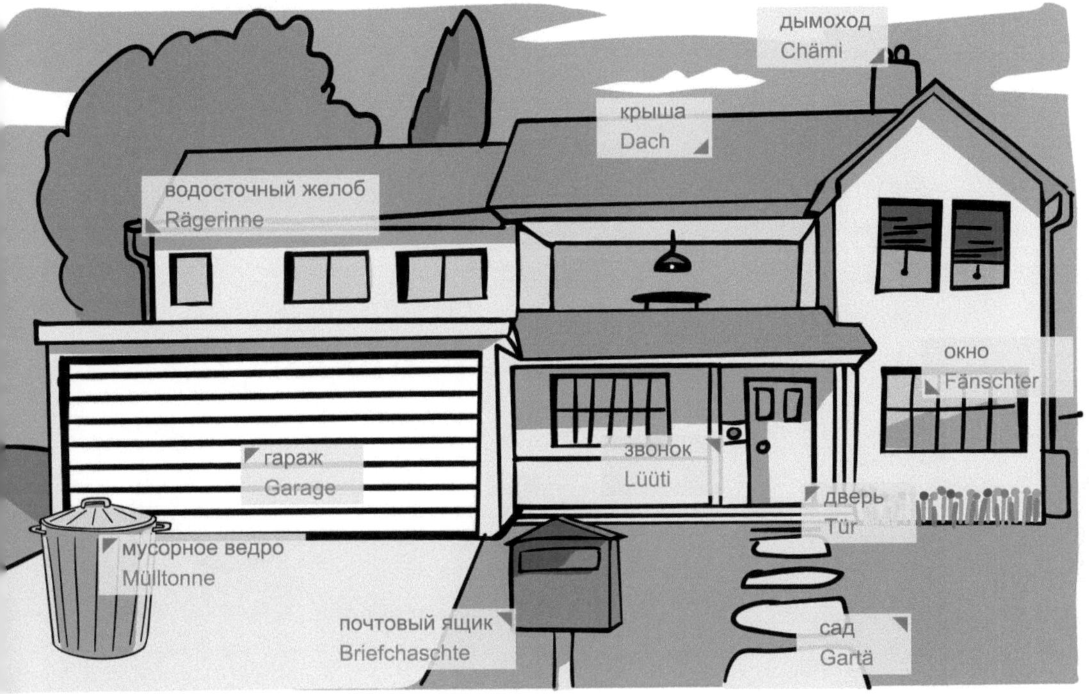
дымоход
Chämi
крыша
Dach
водосточный желоб
Rägerinne
окно
Fänschter
звонок
Lüüti
гараж
Garage
дверь
Tür
мусорное ведро
Mülltonne
почтовый ящик
Briefchaschte
сад
Gartä

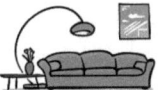

гостиная
Stubä

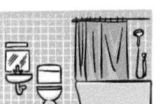

ванная комната
Badzimmer

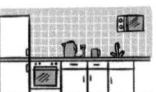

кухня
Chuchi

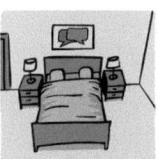

спальня
Schlofzimmer

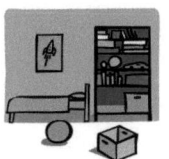

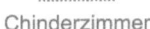

детская комната
Chinderzimmer

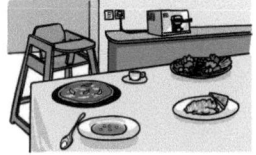

столовая
Ässzimmer

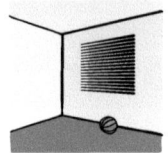

пол
Bodä

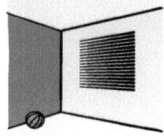

стена
Wand

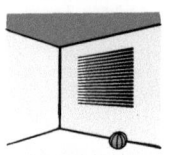

потолок
Decki

подвал
Chäller

сауна
Sauna

балкон
Balkon

терраса
Terasse

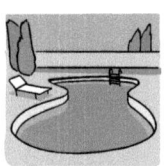

бассейн
Pool

газонокосилка
Rasemäier

пододеяльник
Bettbezug

покрывало
Bettdecki

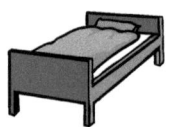

кровать
Bett

метла
Bäse

ведро
Chübel

выключатель
Schalter

гостиная

Stubä

обои
Tapete
рисунок
Bild
лампа
Lampä
полка
Regal
шкаф
Schrank
телевизор
Färnseh
камин
Kamin
цветок
Bluamä
подушка
Chüssi
диван
Sofa
ваза
Vasä
пульт дистанционного управления
Färnbedienig

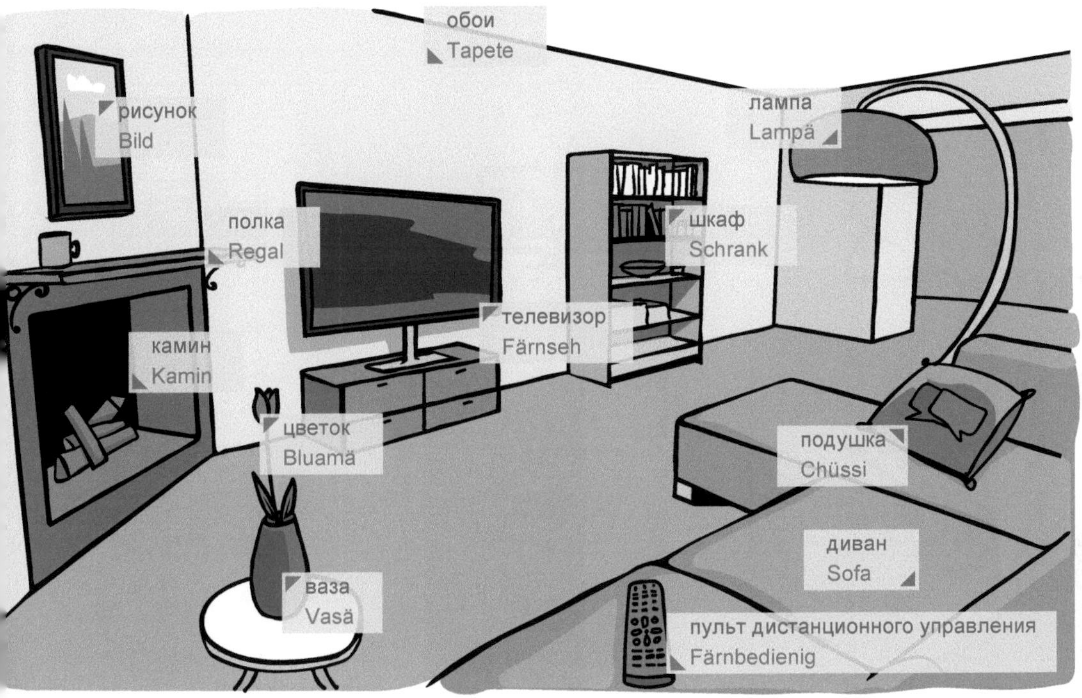

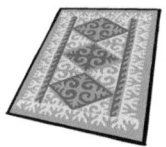

ковёр

Teppich

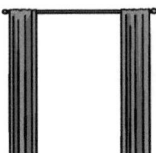

штора

Vorhang

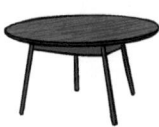

стол

Tisch

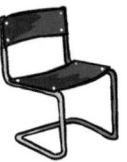

стул

Stuehl

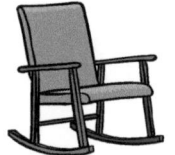

кресло-качалка

Schaukelstuehl

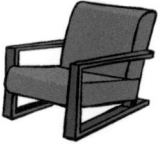

кресло

Sässel

книга

Buech

покрывало

Decki

украшение

Dekoration

дрова

Füürholz

фильм

Film

стереосистема

Stereoahlag

ключ

Schlüssel

газета

Ziitig

картина

Bild

плакат

Poster

радио

Radio

блокнот

Notizblock

пылесос

Staubsuuger

кактус

Kaktus

свеча

Chärze

кухня
Chuchi

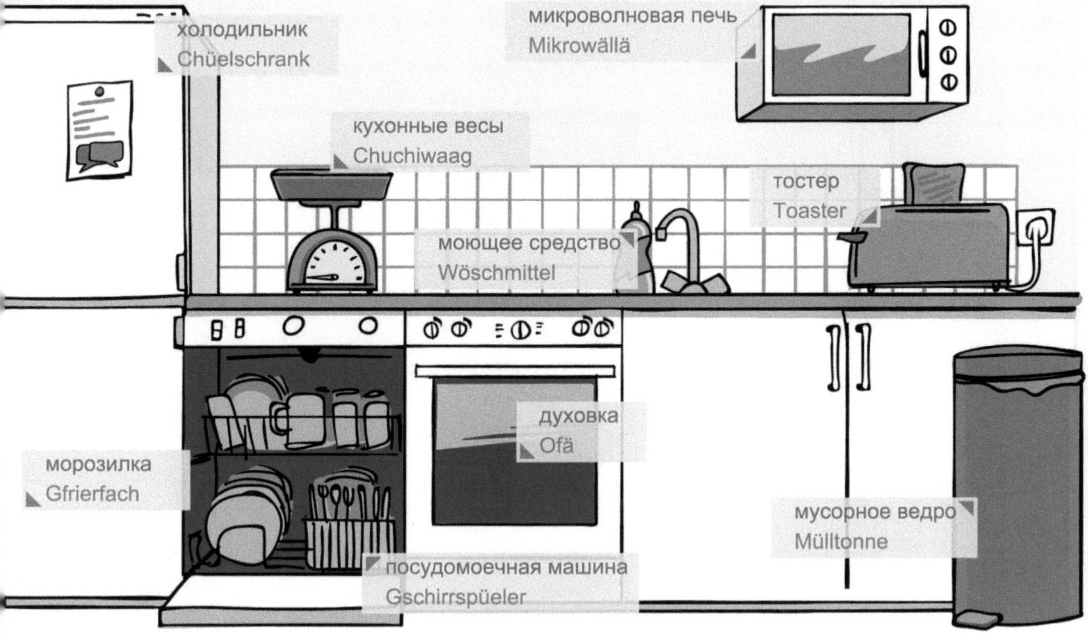
холодильник
Chüelschrank
микроволновая печь
Mikrowällä
кухонные весы
Chuchiwaag
тостер
Toaster
моющее средство
Wöschmittel
духовка
Ofä
морозилка
Gfrierfach
мусорное ведро
Mülltonne
посудомоечная машина
Gschirrspüeler

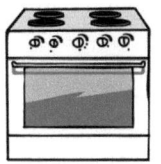

плита
Härd

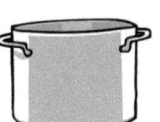

кастрюля
Topf

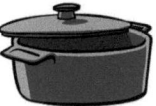

чугунный котелок
Iisetopf

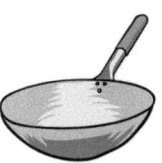

вок / кадай
Wok / Kadai

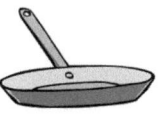

сковорода
Pfanne

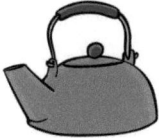

чайник
Wasserchocher

пароварка

Dampfer

противень

Bachbläch

посуда

Gschirr

кружка

Bächer

миска

Schale

палочки для еды

Stäbli

половник

Suppechellä

лопатка

Pfannewänder

сбивалка

Schneebäse

сито

Sieb

сито

Sieb

тёрка

Raffle

ступка

Mörser

гриль

Grill

костёр

Füürstell

доска
Schniidbrätt

скалка
Nudelholz

штопор
Korkäzieher

жестяная банка
Dosä

консервный нож
Dosäöffner

прихватка
Topflappä

раковина
Wöschbecki

щетка
Bürste

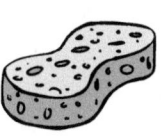

губка
Schwumm

миксер
Mixer

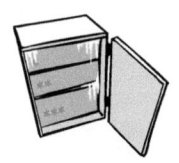

морозильная камера
Gfrierschrank

бутылочка для кормления
Babyfläschli

кран
Hahnä

ванная комната
Badzimmer

отопление
Heizig
полотенце
Handtuech
душ
Duschi
душевая занавеска
Duschvorhang
пенистая ванна
Schumbad
ванна
Badwanne
стиральная машина
Wöschmaschine
стакан
Glas
кран
Hahnä
плитка
Fliesä
горшок
Töpfli
раковина
Wöschbecki

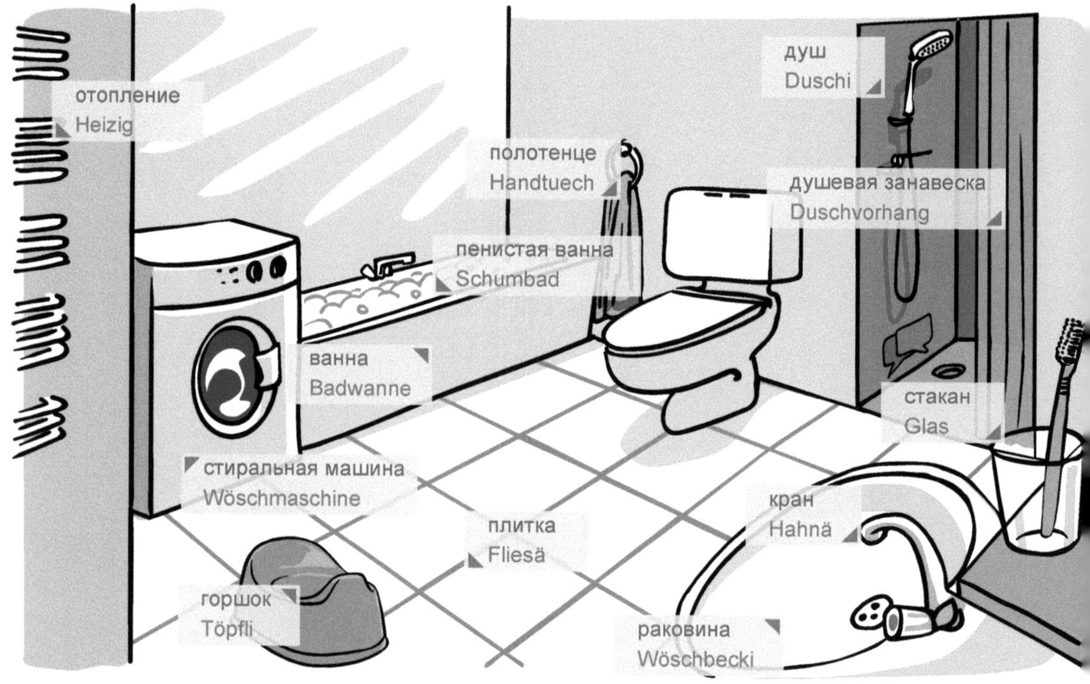

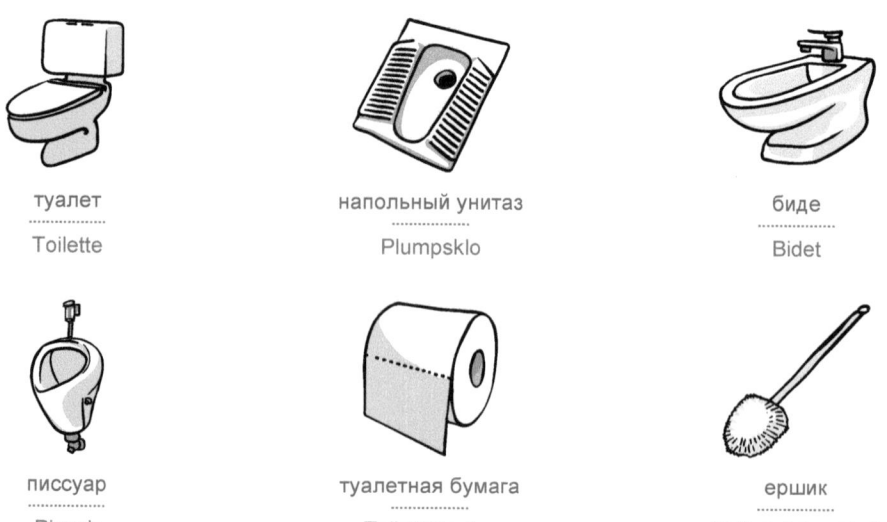

туалет

Toilette

напольный унитаз

Plumpsklo

биде

Bidet

писсуар

Pissoir

туалетная бумага

Toilettepapier

ершик

Toilettebürschteli

зубная щетка

Zahbürstä

зубная паста

Zahpasta

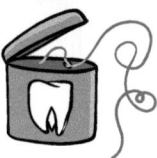

зубная нить

Zahnsiide

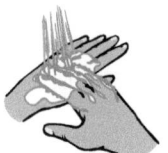

мыть

wäsche

ручной душ

Handduschi

интимный душ

Intiimduschi

таз

Wöschbecki

щетка для спины

Ruggäbürste

мыло

Seifä

гель для душа

Duschgel

шампунь

Shampoo

мочалка

Waschlappä

сток

Abfluss

крем

Creme

дезодорант

Deo

зеркало

Spiegel

ручное зеркало

Handspiegel

бритва

Rasierer

пена для бритья

Rasierschuum

лосьон после бритья

Aftershave

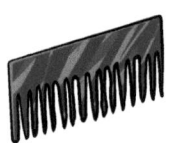

расческа

Schträäl

щетка

Bürstä

фен

Föhn

лак для волос

Hoorspray

косметика

Makeup

губная помада

Lippestift

лак для ногтей

Nagellack

вата

Wattä

маникюрные ножницы

Nagelscher

духи

Parfum

косметичка

Necessaire

табуретка

Schemel

весы

Waag

халат

Badmantel

резиновые перчатки

Gummihändscheh

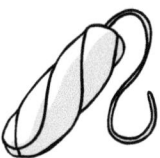

тампон

Tampon

гигиеническая прокладка

Damebinde

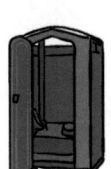

биотуалет

chemischi Toilette

детская комната
Chinderzimmer

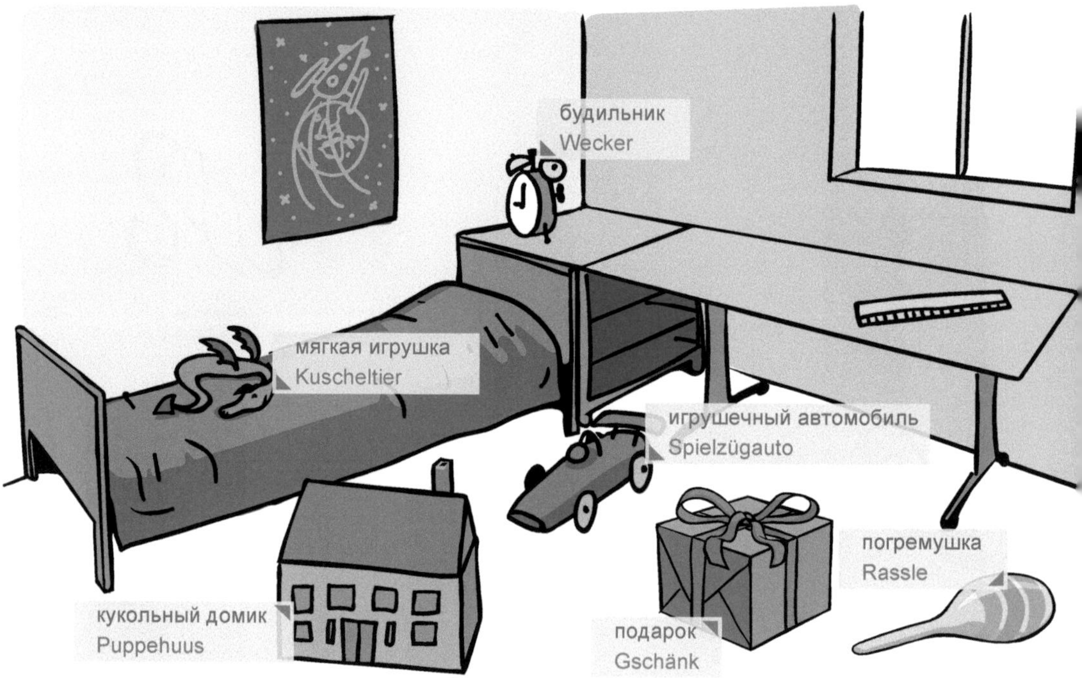

будильник
Wecker
мягкая игрушка
Kuscheltier
игрушечный автомобиль
Spielzügauto
погремушка
Rassle
кукольный домик
Puppehuus
подарок
Gschänk

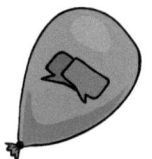

воздушный шар

Ballon

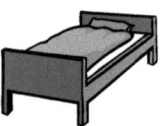

кровать

Bett

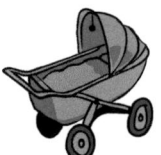

детская коляска

Chinderwage

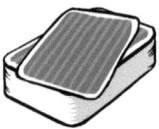

карточная игра

Chartespiel

пазл

Puzzle

SUPER MEGA

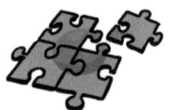

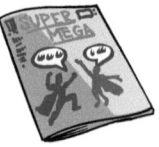

комикс

Comic

кирпичики Лего

Legos

кубики

Baustei

игрушечная фигурка

Action Figur

ползунки

Strampli

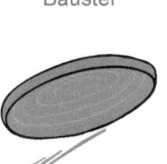

фрисби

Frisbee

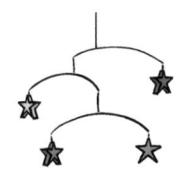

мобиле

Mobile

настольная игра

Brättspiel

кубик

Würfäl

модель железной дороги

Modellisebahn

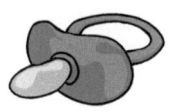

соска

Nuggi

вечеринка

Party

книга с картинками

Bilderbuch

мяч

Ball

кукла

Puppä

играть

spiele

песочница

Sandchaschte

качели

Gigampfi

игрушка

Spielzüg

игровая приставка

Videospielkonsole

трёхколесный велосипед

Dreirad

плюшевый медвежонок

Teddy

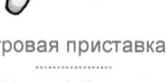
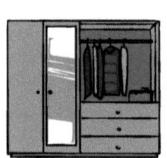

шкаф для одежды

Chleiderschrank

одежда

Chleidig

носки

Sockä

чулки

Strümpf

колготки

Strumpfhosä

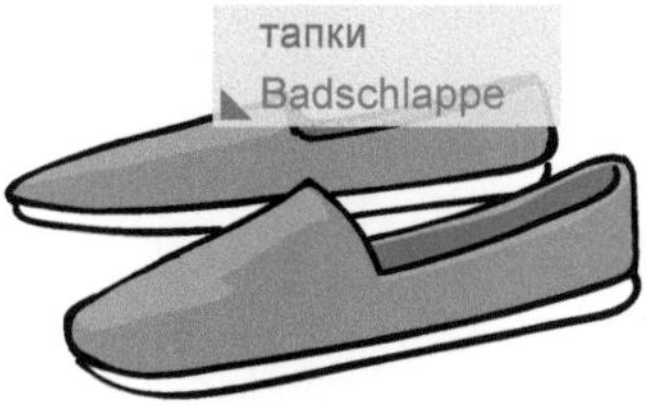

шарф
Schal

ремень
Gürtel

зонтик
Rägeschirm

футболка
T-Shirt

сапоги
Stiefel

тапки
Badschlappe

кроссовки
Turnschueh

сандалии
Sandalä

ботинки
Schueh

резиновые сапоги
Gummistiefel

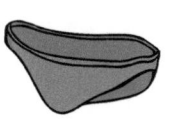

трусы
Untrhosä

бюстгальтер
BH

майка
Underlibli

боди

Body

брюки

Hosä

джинсы

Jeans

юбка

Rock

блузка

Bluse

рубашка

Hömli

свитер

Pulli

свитер

Kapuzepulli

спортивная куртка

Blazer

жакет

Jacke

пальто

Mantel

плащ

Rägämantel

костюм

Chostüm

платье

Chleid

свадебное платье

Hochziitskleid

мужской костюм

Ahzug

ночная сорочка

Nachthömli

пижама

Pyjama

сари

Sari

платок

Chopftuäch

тюрбан

Turban

паранджа

Burka

кафтан

Kaftan

абайя

Abaya

купальник

Badchleid

плавки

Badhose

шорты

churzi Hosä

спортивный костюм

Trainer

фартук

Schürze

перчатки

Händsche

пуговица

Chnopf

очки

Brüllä

браслет

Armband

цепочка

Chetti

кольцо

Ring

серьга

Ohrering

шапка

Chappe

вешалка

Chleiderbügel

шляпа

Huet

галстук

Grawattä

застежка молния

Riissverschluss

шлем

Helm

подтяжки

Hosäträger

школьная форма

Schueluniform

форма

Uniform

детский нагрудник

Lätzli

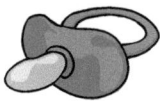

соска

Nuggi

подгузник

Windle

офис
Büro

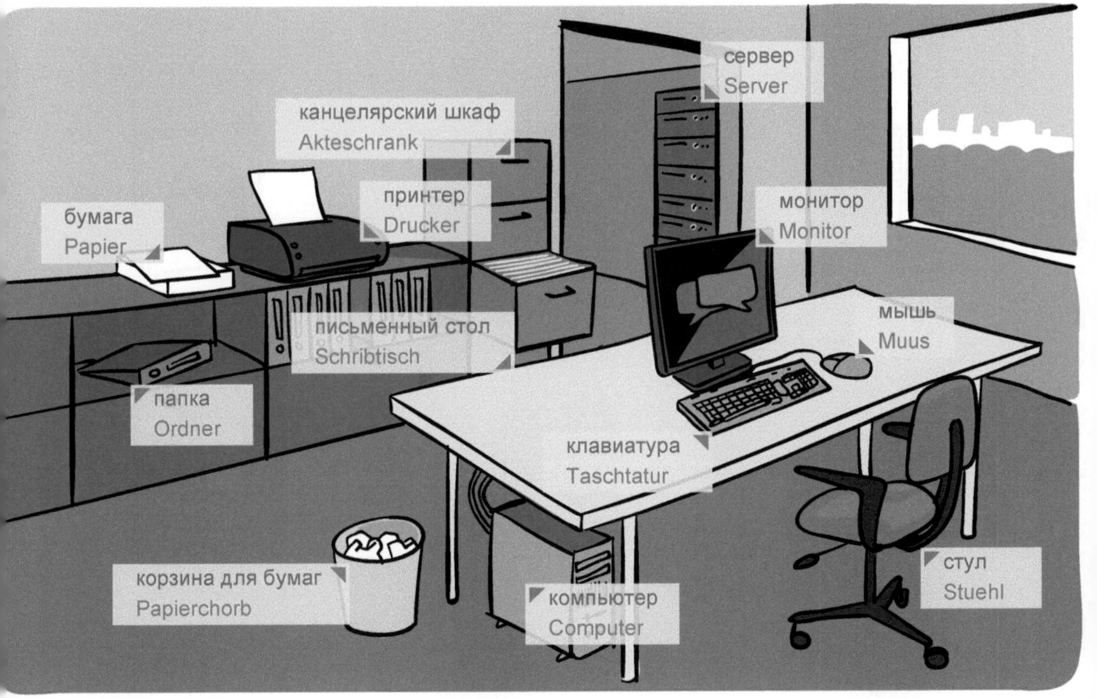

сервер
Server

канцелярский шкаф
Akteschrank

принтер
Drucker

монитор
Monitor

бумага
Papier

письменный стол
Schribtisch

мышь
Muus

папка
Ordner

клавиатура
Taschtatur

стул
Stuehl

корзина для бумаг
Papierchorb

компьютер
Computer

кофейная кружка

Kafibächer

калькулятор

Tascherächner

интернет

Internet

ноутбук

Laptop

письмо

Brief

сообщение

Nochricht

мобильный телефон

Mobiltelefon

сеть

Netzwärk

ксерокс

Kopierer

программа

Software

телефон

Telefon

розетка

Steckdosä

факс

Fax

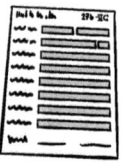

формуляр

Formular

документ

Dokumänt

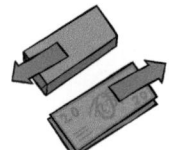

покупать

chaufe

платить

zahle

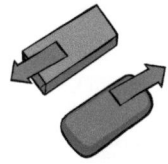

торговать

handle

деньги

Gäld

доллар

Dollar

евро

Euro

иена

Yen

рубль

Rubel

франк

Frankä

жэньминьби юань

Renminbi Yuan

рупия

Rupie

банкомат

Gäldautomat

пункт обмена валюты

Wächselstube

золото

Gold

серебро

Silber

нефть

Öl

энергия

Energie

цена

Priis

договор

Vertrag

налог

Stüür

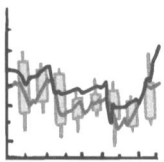

акция

Aktie

работать

schaffe

служащий

Mitarbeiter

работодатель

Arbeitgeber

фабрика

Fabrik

магазин

Gschäft

милиционер
Polizischt

пожарный
Füürwehrmaa

повар
Choch

врач
Arzt

пилот
Pilot

садовник
Gärtner

столяр
Zimmermah

швея
Näheri

судья
Richter

химик
Chemiker

актёр
Darsteller

водитель автобуса

Busfahrer

таксист

Taxifahrer

рыбак

Fischer

уборщица

Putzfrau

кровельщик

Dachdecker

официант

Chällner

охотник

Jäger

художник

Moler

пекарь

Bäcker

электрик

Elektriker

строитель

Bauarbeiter

инженер

Ingenieur

мясник

Schlachter

сантехник

Klämpner

почтальон

Pöschtler

солдат

Soldat

архитектор

Architekt

кассир

Kassierer

флорист

Florischt

парикмахер

Frisör

кондуктор

Kontrolleur

механик

Mechaniker

капитан

Kapitän

зубной врач

Zahnarzt

ученый

Wüsseschaftler

раввин

Rabbi

имам

Imam

монах

Mönch

священник

Pfarrer

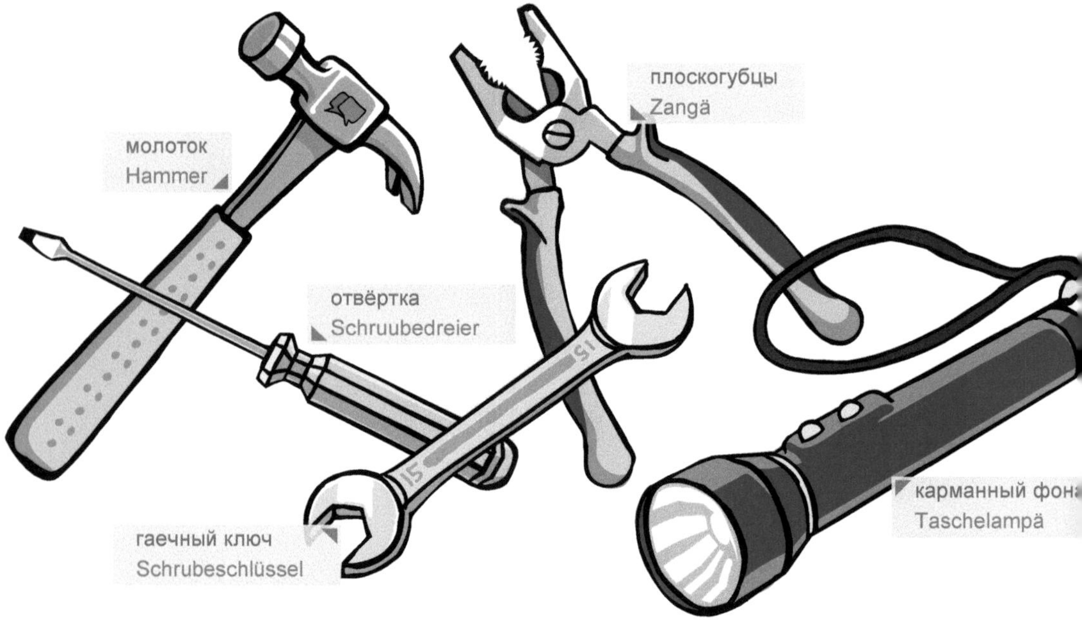

молоток
Hammer

плоскогубцы
Zangä

отвёртка
Schruubedreier

гаечный ключ
Schrubeschlüssel

карманный фон
Taschelampä

экскаватор

Bagger

ящик для инструментов

Werkzüügchaschte

стремянка

Leitere

пила

Sagi

гвозди

Negel

дрель

Bohrer

ремонтировать

flicke

лопата

Schufle

Блин!

Mischt!

совок

Ascheschufle

ведро с краской

Farbchübel

винты

Schruube

музыкальные инструменты
Musiginstrumänt

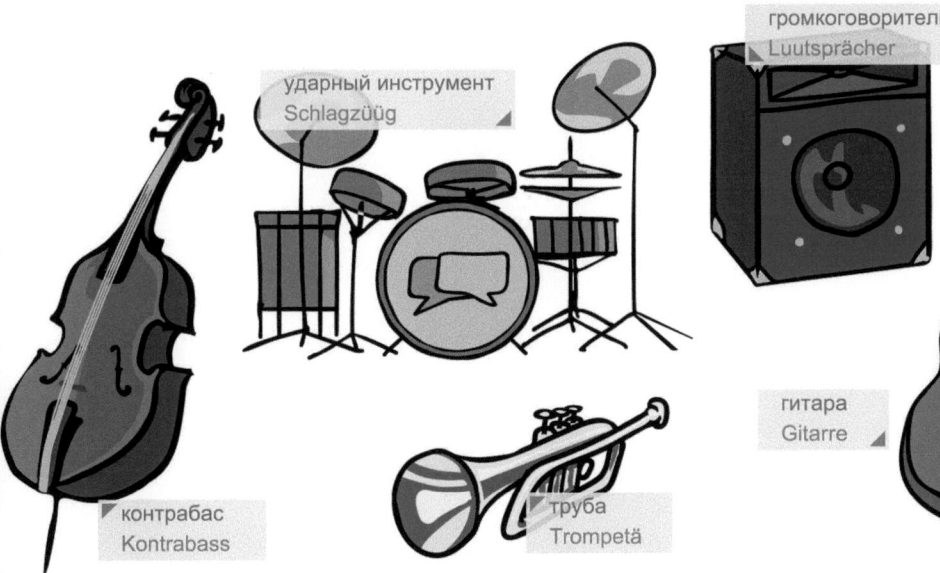

громкоговоритель
Luutsprächer

ударный инструмент
Schlagzüüg

гитара
Gitarre

контрабас
Kontrabass

труба
Trompetä

пианино

Klavier

скрипка

Violine

бас-гитара

Bass

литавры

Pauke

барабан

Trummle

синтезатор

Keyboard

саксофон

Saxophon

флейта

Flöte

микрофон

Mikrofon

тигр
Tiger

вход
ligang

клетка
Chäfig

зебра
Zebra

корм
Tierfueter

панда
Pandabär

животные

Tier

слон

Elefant

кенгуру

Känguru

носорог

Nashorn

горилла

Gorilla

медведь

Bär

верблюд

Kamel

страус

Struss

лев

Leu

обезьяна

Aff

фламинго

Flamingo

попугай

Papagei

белый медведь

Iisbär

пингвин

Pinguin

акула

Hai

павлин

Pfau

змея

Schlangä

крокодил

Krokodil

служитель зоопарка

Zoowärter

тюлень

Robbä

ягуар

Jaguar

пони
Pony

леопард
Leopard

бегемот
Nilpfärd

жираф
Giraff

орёл
Adler

кабан
Wildschwein

рыба
Fisch

черепаха
Schildkrot

морж
Walross

лиса
Fuchs

газель
Gazelle

американский футбол
American Football

езда на велосипеде
Velofahre

теннис
Tennis

баскетбол
Basketball

плавание
Schwümmä

бокс
Boxä

хоккей
Iishockey

футбол
Fuessball

бадминтон
Badminton

лёгкая атлетика
Liechtathletik

гандбол
Handball

лыжный спорт
Skifahre

поло
Polo

прыгать
springä

смеяться
lachä

обнимать
umarme

идти
gah

петь
singe

молиться
bätte

целовать
küssä

мечтать
troime

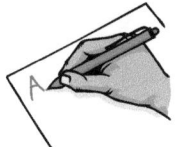

писать

schribe

рисовать

zeichne

показывать

zeige

нажимать

schiebe

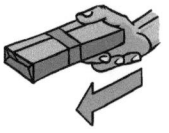

давать

gäh

брать

näh

иметь

händ

делать

mache

быть

sy

стоять

stah

бежать

laufe

тянуть

zieh

бросать

rüerä

падать

fallä

лежать

ligge

ждать

warte

носить

träge

сидеть

sitze

надевать

ahzieh

спать

schlafe

просыпаться

ufwache

рассматривать

ahluege

плакать

brüele

гладить

striichle

причесывать

bürste

говорить

redä

понимать

verschtah

спрашивать

froog

слушать

lose

пить

trinke

кушать

ässe

наводить порядок

ufruume

любить

liebe

готовить

chochä

ехать

fahre

летать

flüge

ходить под парусом

segle

считать

rächne

читать

läse

учиться

leerä

работать

schaffe

вступать в брак

hürate

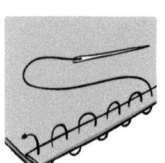

шить

näije

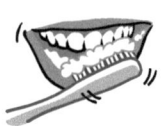

чистить зубы

Zäh putze

убивать

töte

курить

schlootä

отправлять

sände

бабушка
Grossmuetter

дедушка
Grossvater

папа
Vatter

мама
Muetter

младенец
Baby

дочь
Tochter

сын
Sohn

гость
Gast

тетя
Tante

дядя
Unkel

брат
Brüeder

сестра
Schwöschter

тело

Körpär

лоб
Stirn
глаз
Aug
плечо
Schultere
палец
Fingär
лицо
Gsicht
подбородок
Chüni
кисть
Hand
нога
Bei
грудь
Bruscht
рука
Arm

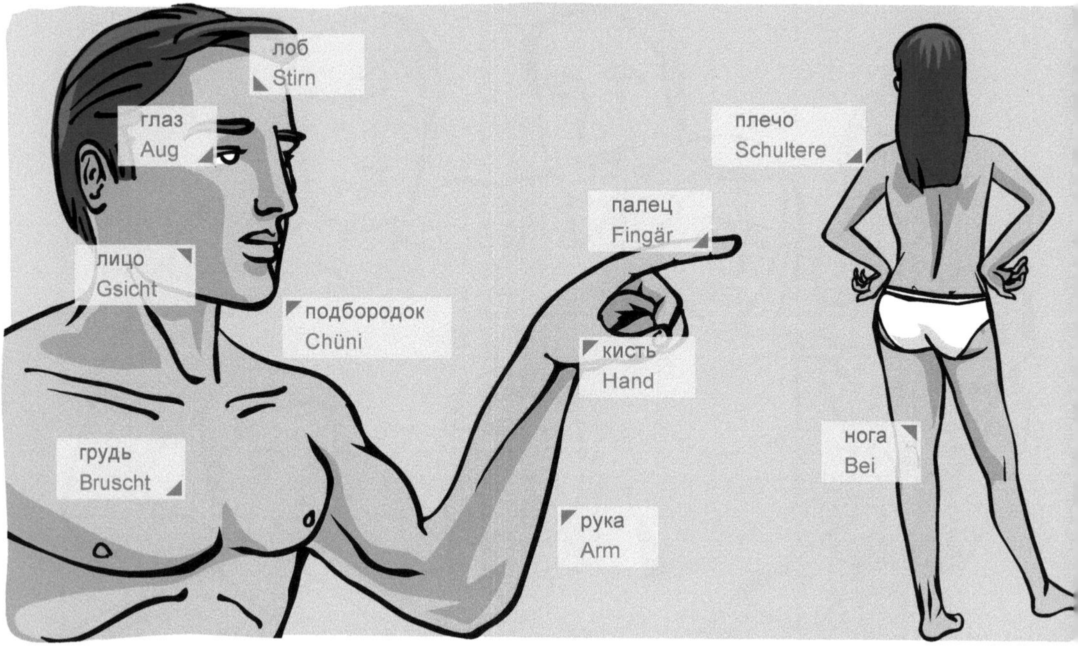

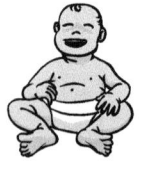

младенец
Baby

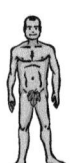

мужчина
Mah

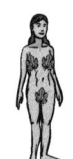

женщина
Frau

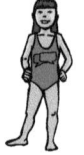

девочка
Meitli

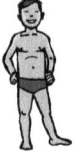

мальчик
Bueb

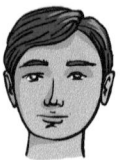

голова
Chopf

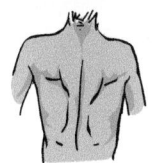

спина

Ruggä

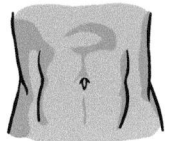

живот

Buuch

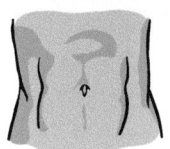

пупок

Buchnabel

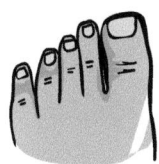

палец ноги

Zäche

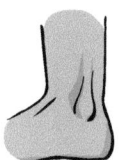

пятка

Fersä

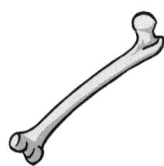

кость

Knoche

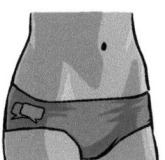

бедро

Hüfte

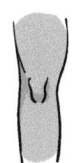

колено

Chnü

локоть

Ellbogä

нос

Nase

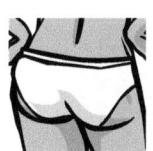

ягодицы

Füdli

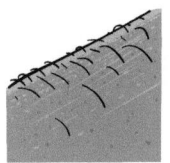

кожа

Hut

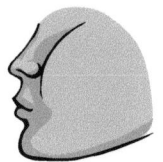

щека

Bagge

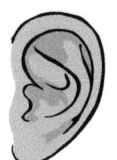

ухо

Ohr

губа

Lippe

рот

Muul

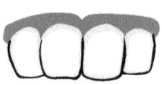

зуб

Zah

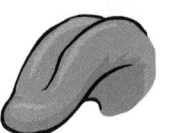

язык

Zungä

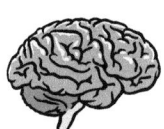

мозг

Hirni

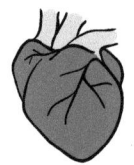

сердце

Härz

мышца

Muskel

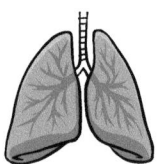

лёгкое

Lungä

печень

Läberä

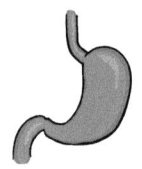

желудок

Magen

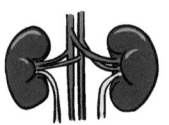

почки

Nierä

половой акт

Gschlächtsvrkehr

презерватив

Kondom

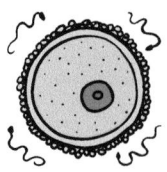

яйцеклетка

Eizälle

сперма

Soome

беременность

Schwangerschaft

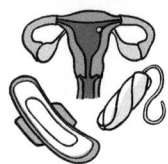

менструация

Menstruation

вагина

Vagina

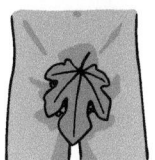

пенис

Penis

бровь

Augebrauä

волосы

Haar

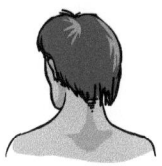

шея

Hals

больница

Spital

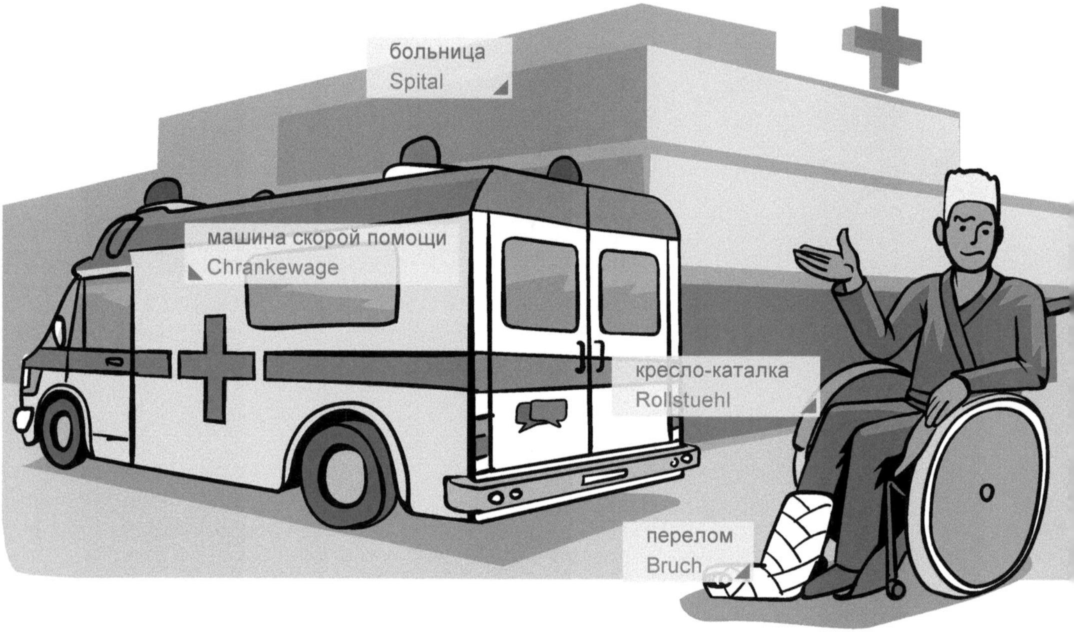

больница
Spital
машина скорой помощи
Chrankewage
кресло-каталка
Rollstuehl
перелом
Bruch

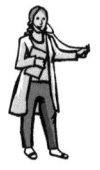

врач

Arzt

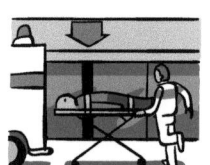

пункт первой помощи

Notufnahm

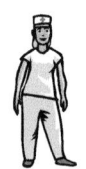

медсестра

Chrankeschwöschter

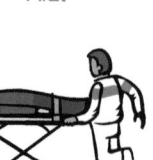

неотложный случай

Notfall

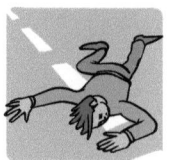

без сознания

ohnmächtig

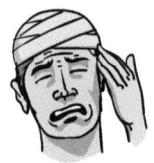

боль

Schmärz

повреждение

Verletzig

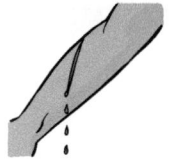

кровотечение

Bluätig

инфаркт

Härzinfarkt

инсульт

Schlagahfall

аллергия

Allergie

кашель

Hueschtä

повышенная температура

Fieber

грипп

Grippe

понос

Durchfall

головная боль

Kopfschmärze

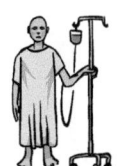

рак

Kräbs

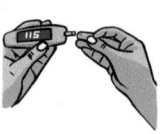

диабет

Diabetes

хирург

Chirurg

скальпель

Skalpell

операция

Operation

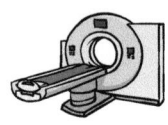

КТ

CT

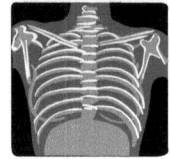

рентген

Röntgä

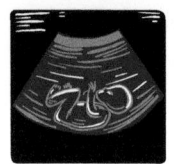

ультразвук

Ultraschall

маска

Gsichtsmaske

болезнь

Krankhet

приёмная

Wartezimmer

костыль

Krückä

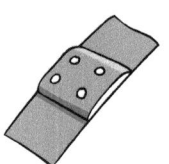

пластырь

Pflaster

бинт

Vrband

укол

Injektion

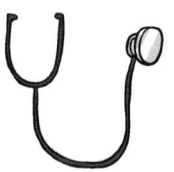

стетоскоп

Stethoskop

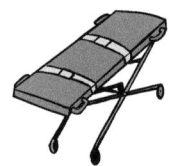

носилки

Trage

термометр

Thermometer

рождение

Geburt

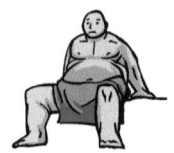

избыточный вес

Übergwicht

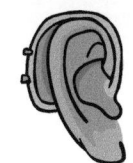

слуховой аппарат

Hörgrät

дезинфекционное средство

Desinfektionsmittel

инфекция

Infektion

вирус

Virus

ВИЧ / СПИД

HIV / AIDS

лекарство

Medizin

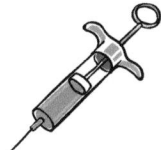

прививка

Impfig

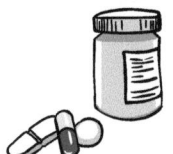

таблетки

Tablette

противозачаточная таблетка

Pille

экстренный вызов

Notruef

прибор для измерения кровяного давления

Bluetdruck-Mässgrät

больной / здоровый

chrank / gsund

Помогите!

Hiufe!

сигнал тревоги

Alarm

нападение

Überfall

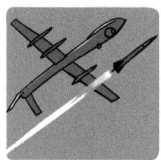

атака

Ahgriff

опасность

Gfohr

запасной выход

Notuusgang

Пожар!

Füür!

огнетушитель

Füürlöscher

несчастный случай

Unfall

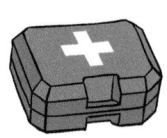

аптечка

Ersti-Hilf-Koffer

SOS

SOS

милиция

Polizei

Европа

Europa

Северная Америка

Nordamerika

Южная Америка

Südamerika

Африка

Afrika

Азия

Asie

Австралия

Auschtralie

Атлантический океан

Atlantik

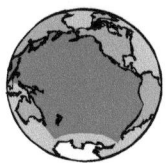

Тихий океан

Pazifik

Индийский океан

Indische Ozean

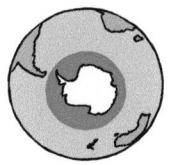

Антарктический океан

Antarktische Ozean

Северный Ледовитый океан

Arktische Ozean

Северный полюс

Nordpol

Южный полюс

Südpol

Антарктика

Antarktis

земля

Ärde

суша

Land

море

Meer

остров

Inslä

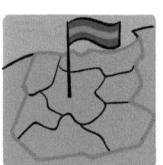

нация

Nation

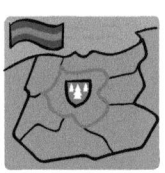

государство

Staat

циферблат

Ziffereblatt

часовая стрелка

Stundezeiger

минутная стрелка

Minutezeiger

секундная стрелка

Sekundezeiger

Который час?

Wie spaht isch es?

день

Tag

время

Zit

сейчас

jetzt

электронные часы

Digitaluhr

минута

Minute

час

Stunde

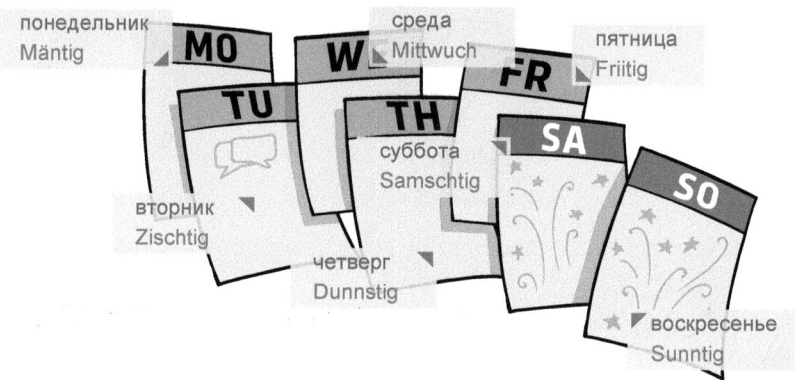

понедельник
Märtig

среда
Mittwuch

пятница
Friitig

вторник
Zischtig

четверг
Dunnstig

суббота
Samschtig

воскресенье
Sunntig

вчера

geschter

сегодня

hüt

завтра

morn

утро

Morgä

полдень

Mittag

вечер

Aabig

рабочие дни

Wärktag

выходные

Wuchenänd

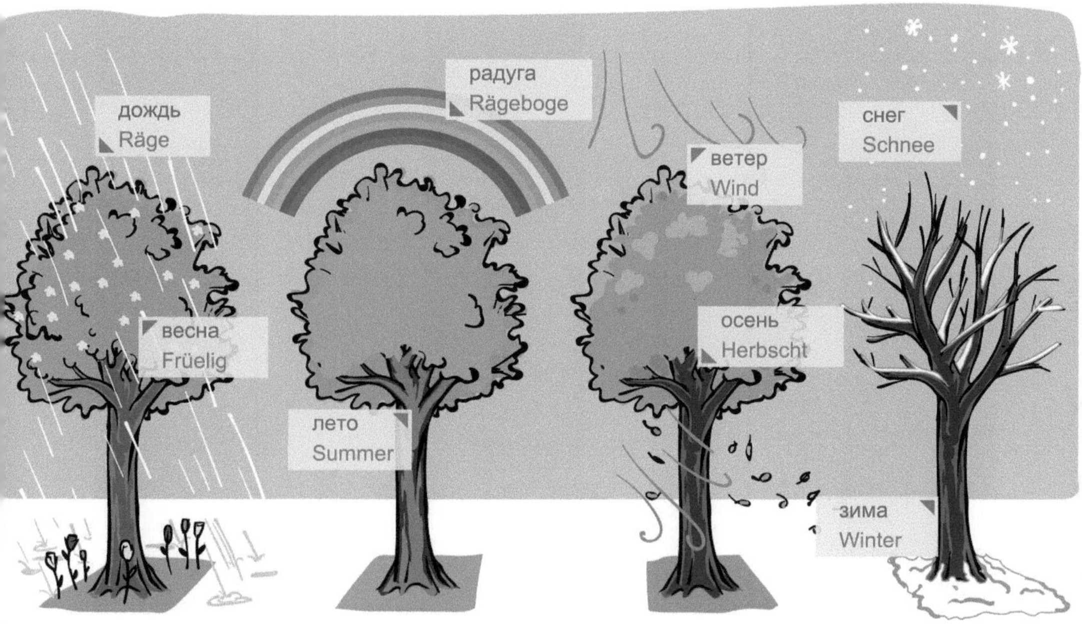

дождь
Räge

радуга
Rägeboge

ветер
Wind

снег
Schnee

весна
Früelig

осень
Herbscht

лето
Summer

зима
Winter

4.APRIL	11°	☀
5.APRIL	4°	⛅
6.APRIL	13°	⛈
7.APRIL	8°	☀
8.APRIL	10°	☀

прогноз погоды

Wättervorhärsag

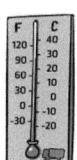

термометр

Thermometer

солнечный свет

Sunneschiin

туча

Wolkä

туман

Näbel

влажность воздуха

Fiechtigkeit

молния

Blitz

гром

Dunner

буря

Sturm

град

Hagel

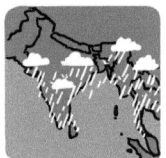

муссон

Monsun

наводнение

Fluet

лёд

Iis

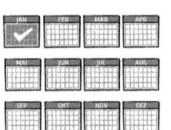

январь

Januar

февраль

Februar

март

März

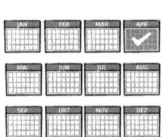

апрель

April

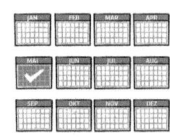

май

Mai

июнь

Juni

июль

Juli

август

Auguscht

82

сентябрь
....
Septämber

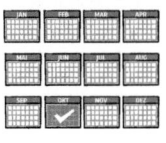

октябрь
....
Oktober

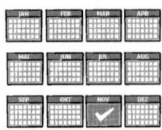

ноябрь
....
Novämber

декабрь
....
Dezämber

формы
Forme

круг
....
Kreis

квадрат
....
Quadrat

прямоугольник
....
Rächteck

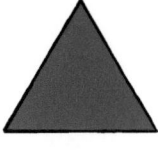

треугольник
....
Dreieck

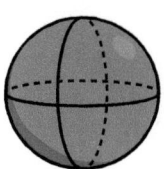

шар
....
Chugele

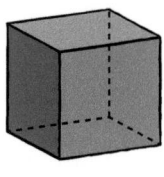

куб
....
Würfel

белый

wiss

желтый

gäl

оранжевый

orange

розовый

pink

красный

rot

лиловый

liila

синий

blau

зелёный

grüen

коричневый

bruun

серый

grau

черный

schwarz

много / мало

viel / wenig

яростный / мирный

hässig / ruhig

красивый / уродливый

hübsch / hässlich

начало / конец

Ahfang / Ändi

большой / маленький

gross / chli

светлый / темный

hell / dunkel

брат / сестра

Brüeder / Schwöschter

чистый / грязный

suuber / dräckig

полный / неполный

vollständig / unvollständig

день / ночь

Tag / Nacht

мёртвый / живой

tot / läbig

широкий / узкий

breit / schmal

съедобный / несъедобный

ässbar / nid ässbar

злой / дружелюбный

bös / fründlich

взволнованный / скучающий

uffreggt / glangwilt

толстый / худой

dick / dünn

сначала / в конце

zerscht / zletscht

друг / враг

Fründ / Find

полный / пустой

voll / läär

твёрдый / мягкий

hart / weich

тяжёлый / легкий

schwer / liecht

голод / жажда

Hunger / Durscht

больной / здоровый

chrank / gsund

незаконный / законный

illegal / legal

умный / глупый

intelligänt / gatz

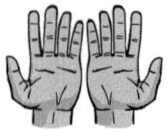

слева / справа

links / rächts

близко / далеко

nöch / wiit weg

новый / подержанный

neu / bruucht

ничто / нечто

nüt / öpis

старый / молодой

alt / jung

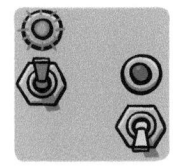

включено / выключено

ah / uss

открыто / закрыто

offe / zue

тихо / громко

lislig / luut

богатый / бедный

riich / arm

правильный /
неправильный
richtig / falsch

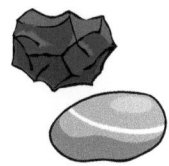

шероховатый / гладкий

rau / glatt

печальный / счастливый

truurig / glücklich

короткий / длинный

churz / lang

медленный / быстрый

langsam / schnäll

мокрый / сухой

nass / trochä

тёплый / прохладный

warm / chalt

война / мир

Chrieg / Friede

противоположности - Gägeteil

0

ноль
....
Null

1

один
....
eis

2

два
....
zwei

3

три
....
drü

4

четыре
....
vier

5

пять
....
foif

6

шесть
....
sächs

7

семь
....
sibe

8

восемь
....
acht

9

девять
....
nün

10

десять
....
zäh

11

одиннадцать
....
elf

12

двенадцать

zwölf

13

тринадцать

drizäh

14

четырнадцать

vierzäh

15

пятнадцать

füfzäh

16

шестнадцать

sächzäh

17

семнадцать

siebzäh

18

восемнадцать

achtzäh

19

девятнадцать

nünzäh

20

двадцать

zwänzg

100

сто

Hundert

1.000

тысяча

Tuusig

1.000.000

миллион

Million

английский
··············
Änglisch

американский английский
··············
Amerikanischs Änglisch

мандаринский китайский
··············
Chinesisch Mandarin

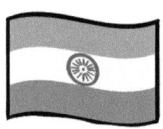

хинди
··············
Hindi

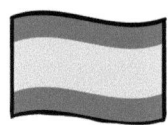

испанский
··············
Spanisch

французский
··············
Französisch

арабский
··············
Arabisch

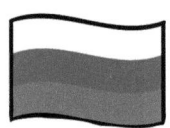

русский
··············
Russisch

португальский
··············
Portugiesisch

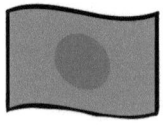

бенгальский
··············
Bengalisch

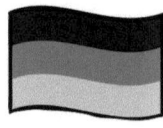

немецкий
··············
Dütsch

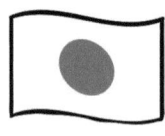

японский
··············
Japanisch

я
ich

ты
du

он / она / оно
är / sie / es

мы
mir

вы
ihr

они
sie

кто?
wär?

что?
was?

как?
wie?

где?
wo?

когда?
wänn?

имя
Name

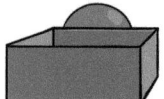

за

hinder

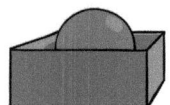

в

in

перед

vor

над

über

на

uf

под

under

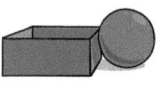

рядом

näbe

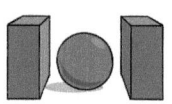

между

zwüsche

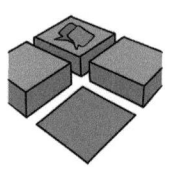

место

Ort